AI FOR BEGYNDERE:

Forstå Teknologien Der Vil Ændre Alt

INTRODUKTION: HVAD ER AI?

I dagens verden er vi omgivet af teknologi, der er smartere end nogensinde før. Fra taleassistenter på din telefon til algoritmer, der foreslår film eller produkter ud fra dine præferencer, spiller kunstig intelligens (AI) en stor rolle i, hvordan vi lever og arbejder. Alligevel er der stadig mange, der ikke helt forstår, hvad AI egentlig er, eller hvordan det fungerer.

Det er her, AI for Beginners kommer ind. Denne bog vil gøre AI forståeligt og nemt at komme i gang med. Uanset om du er helt ny på emnet, eller om du har hørt lidt om AI og gerne vil vide mere, vil denne guide give dig et godt overblik. Vi dykker ned i de grundlæggende begreber, ser på, hvordan AI bruges i den virkelige verden, og overvejer nogle af de etiske spørgsmål, der følger med teknologien.

Hvad er AI?

Kunstig intelligens (AI) handler grundlæggende om at skabe systemer, der kan tænke, lære og træffe beslutninger – ligesom vi mennesker gør. Selvom AI måske lyder som noget, vi kun ser i science fiction – tænk på selvkørende biler, virtuelle assistenter eller robotter, der kan udføre menneskelignende opgaver – er AI faktisk allerede en del af vores hverdag, ofte på måder vi ikke bemærker.

Kort sagt refererer AI til maskiner eller programmer, der kan udføre opgaver, som normalt kræver menneskelig intelligens. Det kan være at lære af erfaring, genkende mønstre, forstå sprog og træffe beslutninger. Målet er at skabe systemer, der kan bearbejde information, tilpasse sig nye situationer og blive bedre med tiden – på en måde, der minder om, hvordan vi mennesker lærer og udvikler os.

Men AI forsøger ikke altid at efterligne den menneskelige hjerne præcist. Nogle AI-systemer er designet til at være rigtig gode til én bestemt opgave, som at genkende ansigter på billeder eller spille skak. Andre er mere fleksible og kan håndtere en bred vifte af opgaver, der kræver forskellige former for ræsonnering, læring og problemløsning. I denne bog vil vi se på både de smalle anvendelser af AI og de mere ambitiøse visioner om at skabe systemer, der kan tackle mange forskellige udfordringer.

Hvorfor er AI vigtigt?

AI ændrer allerede den måde, vi lever og arbejder på. Selvom det måske stadig føles som noget fra fremtiden, er AI allerede en del af vores daglige liv. Når du bruger Google Maps til at finde vej, når Netflix foreslår din næste yndlingsserie, eller når din telefon låses op ved at genkende dit ansigt – det er AI i aktion. Men AI hjælper ikke kun med personlige opgaver og underholdning. Det har også stor indflydelse på brancher som sundhedspleje, finans, uddannelse og transport.

For eksempel:

- **Sundhedspleje**: AI kan hjælpe læger med at analysere medicinske billeder, opdage sygdomme og foreslå behandlinger baseret på en patients historik. AI kan endda finde nye lægemidler og behandlinger hurtigere og mere effektivt end mennesker.
- **Finans**: I bankvæsenet anvendes AI til at opdage svindel, vurdere risici og træffe investeringsbeslutninger. Det hjælper finansielle institutioner med at øge nøjagtigheden og mindske fejl.
- **Transport**: Selvfølgelig kan selvkørende biler ændre den måde, vi rejser på. AI kan reducere trafikulykker, mindske

brændstofforbruget og gøre transporten mere effektiv.

Mulighederne for AI er enorme, og vi er kun lige begyndt at udforske dem. Når teknologien udvikler sig, vil AI blive endnu mere integreret i vores samfund og hverdag.

AI's Rolle i Samfundet

AI ændrer ikke kun teknologien – det er også med til at ændre samfundet. Fra måden vi arbejder på, til hvordan vi lærer, er AI med til at omforme mange dele af vores liv. I mange brancher automatiserer AI de rutinemæssige opgaver og giver os mennesker mulighed for at fokusere på mere kreative og komplekse opgaver. I uddannelse hjælper AI for eksempel lærere med at tilpasse undervisningen, så den passer til den enkelte elevs behov.

Men denne forandring bringer også nogle udfordringer. Når AI bliver mere magtfuld, opstår der vigtige etiske spørgsmål om privatliv, kontrol og ansvar. Skal AI bruges til at træffe beslutninger om ansættelser, sundhedspleje eller endda juridiske spørgsmål? Hvad sker der, når AI-systemer begår fejl eller viser bias? Hvordan sikrer vi, at AIs fordele bliver delt retfærdigt, og at ingen bliver efterladt?

Det er nogle af de spørgsmål, vi vil se nærmere på i de kommende kapitler. AI er en teknologi, der hurtigt udvikler sig, og det er vigtigt for os alle – uanset om vi arbejder i tech, forretning eller bare er nysgerrige – at forstå, hvordan AI fungerer, og hvad det betyder for vores verden.

Bogens Struktur

Denne bog er designet til at guide dig gennem de centrale idéer om AI på en enkel og forståelig måde. Du behøver ikke have en teknisk baggrund for at følge med – hvert kapitel forklarer tingene trin for trin. Her er, hvad du kan forvente:

- **Kapitel 1: Hvad er AI?** – Vi starter med at definere, hvad AI egentlig er, hvordan det adskiller sig fra menneskelig intelligens, og hvordan maskiner lærer at udføre opgaver.
- **Kapitel 2: Typer af AI** – Du vil lære om de forskellige typer

AI, fra den snævre AI, der er god til én bestemt opgave, til den langsigtede ambition om at skabe kunstig generel intelligens (AGI), som skulle efterligne menneskelig ræsonnering.

- **Kapitel 3: Hvordan AI fungerer** – Vi dykker ned i, hvordan algoritmer bearbejder data, lærer af erfaring og forbedrer sig over tid. Vi ser også på maskinlæring, som er en vigtig del af AI-udviklingen.

- **Kapitel 4: Deep Learning og Neurale Netværk** – I dette kapitel lærer du om deep learning, et område af AI, der driver mange af de mest avancerede systemer i dag, som billedgenkendelse og naturlig sprogbehandling.

- **Kapitel 5: AI i praksis** – Vi ser på, hvordan AI bruges i den virkelige verden – fra sundhedsvæsen og finans til underholdning og transport.

- **Kapitel 6: Etiske overvejelser** – Når AI bliver mere magtfuld, opstår der etiske spørgsmål. Vi diskuterer problemer som bias, privatliv og samfundets påvirkning af automatisering og beslutningstagning.

- **Kapitel 7: AI's fremtid** – Hvad er næste skridt for AI? Vi ser på nye teknologier som autonome biler, AI i rummet og potentialet for AI til at efterligne menneskelig tænkning.

- **Konklusion** – En opsummering af de vigtigste begreber og idéer, samt forslag til, hvordan du kan fortsætte din læring om dette hurtigt udviklende felt.

Sådan Bruger Du Denne Bog

Denne bog er skrevet til begyndere, så du behøver ikke nogen forudgående viden om AI eller teknologi. Hvert kapitel bygger på det forrige, og vi bruger et enkelt sprog og konkrete eksempler, så selv de mest komplekse emner bliver nemmere at forstå. Når du er færdig med bogen, vil du have en solid forståelse af, hvordan AI fungerer, og hvordan det påvirker verden omkring os.

Uanset om du er nysgerrig på teknologien, overvejer en karriere inden for AI, eller vil forstå, hvordan AI ændrer de brancher, du arbejder i, vil denne bog give dig et godt fundament til at dykke dybere ned i kunstig intelligens.

Så lad os komme i gang med denne spændende rejse – lad os udforske, hvad AI er, hvordan det fungerer, og hvor det er på vej hen!

KAPITEL 1

Forståelse af AI's
Grundlæggende Begreber

K unstig intelligens (AI) er et spændende og hurtigt udviklende felt, som er blevet en stor del af vores daglige liv. Men før vi dykker ned i de mere komplekse aspekter, er det vigtigt at starte med det grundlæggende—hvad AI egentlig er, hvordan det fungerer, og hvorfor det er så vigtigt i den moderne verden.

I dette kapitel vil vi gennemgå de essentielle begreber bag AI. Vi starter med en simpel definition, ser på, hvordan AI adskiller sig fra menneskelig intelligens, og kigger på forholdet mellem AI, maskinlæring og deep learning—tre centrale begreber, som overlapper, men hver især har deres egen rolle.

Når du er færdig med dette kapitel, vil du have en solid forståelse af, hvad AI er, hvordan det bruges i dag, og hvorfor det er blevet en game-changer.

Hvad er Kunstig Intelligens (AI)?

Kunstig intelligens handler i sin grundform om at give maskiner evnen til at udføre opgaver, der normalt kræver menneskelig intelligens. Dette kan spænde fra at genkende mønstre til mere komplekse aktiviteter som at løse problemer, lære af erfaring og træffe beslutninger.

AI kommer i mange former, men de fleste systemer sigter mod at efterligne bestemte aspekter af menneskelig tænkning. Nogle af disse aspekter inkluderer:

- **Læring**: Evnen til at lære af erfaring og blive bedre over tid.
- **Ræsonnering**: Brugen af logik og tilgængelige data til at løse problemer og træffe beslutninger.
- **Perception**: Tolkning af sanseinformation, som f.eks. at genkende tale, identificere objekter eller navigere i et rum.
- **Naturlig Sprogbehandling (NLP)**: Forståelse og generering af menneskesprog.

Målet med AI-forskning er at skabe systemer, der kan udføre disse opgaver autonomt, uden konstant menneskelig input. Selvom AI er imponerende til at håndtere specifikke opgaver, er det stadig langt fra at matche den bredere og mere fleksible intelligens, som mennesker har—noget vi vil dykke mere ned i i de kommende kapitler.

AI vs. Menneskelig Intelligens

Det er vigtigt at forstå, at AI og menneskelig intelligens ikke er det samme. Menneskelig intelligens er enorm, fleksibel og tilpasningsdygtig. Vi kan tænke abstrakt, løse nye problemer og bruge sund fornuft i en lang række situationer. Vores intelligens er også dybt forbundet med følelser, kreativitet og sociale interaktioner—områder, hvor AI stadig har lang vej igen.

AI, derimod, er som regel langt mere specialiseret. De fleste AI-systemer i dag er designet til at være rigtig gode til en bestemt opgave, som f.eks. at anbefale produkter, spille spil eller genkende ansigter på billeder. Selvom de er gode til det, de gør, kan de ikke nemt overføre deres færdigheder til helt andre opgaver. For eksempel vil en AI, der er fantastisk til at spille skak, ikke kunne køre en bil eller skrive en roman. Kort sagt, AI kan efterligne nogle aspekter af menneskelig intelligens, men mangler den dybde, fleksibilitet og emotionelle forståelse, som mennesker naturligt har.

Der er også forskel på, hvordan AI og mennesker lærer. Mennesker kan lære ud fra blot ét eksempel, forstå abstrakte begreber og anvende viden på mange forskellige områder. AI-systemer, derimod, har brug for store mængder data og omfattende træning for at identificere mønstre og lave præcise forudsigelser. AI er fantastisk til snævre, veldefinerede domæner, men har svært ved at håndtere tvetydige situationer eller alt, hvad det ikke er blevet eksplicit trænet i.

De Tre Søjler af AI: Maskinlæring, Deep Learning og AI

Selvom AI som helhed er et enormt felt, kommer meget af den nuværende spænding fra to specifikke områder: maskinlæring og deep learning. Disse bliver ofte nævnt sammen med AI, men repræsenterer distinkte metoder inden for det bredere felt.

Maskinlæring: Hjertet af AI

Maskinlæring (ML) er en underkategori af AI, som fokuserer på at udvikle algoritmer, der gør det muligt for maskiner at lære fra data og blive bedre over tid uden at blive programmeret direkte. I stedet for at give en maskine trin-for-trin instruktioner, giver vi den data, og systemet finder ud af, hvordan det skal træffe beslutninger ud fra disse data. Jo mere data, det behandler, desto bedre bliver maskinen til at udføre sine opgaver.

Tænk på maskinlæring som at lære et system, at genkende mønstre eller lave forudsigelser baseret på eksempler. For eksempel kan du træne en AI til at genkende spam-e-mails ved at vise den et datasæt med mærkede e-mails. Med tiden vil AI'en lære at genkende bestemte nøgleord eller mønstre, der er typiske for spam, og blive bedre til at filtrere din indbakke.

Der er tre hovedtyper af maskinlæring:

- **Superviseret læring**: Her trænes systemet med mærkede data—hvor hvert databit har en klar etiket. For eksempel, for at lære en AI at genkende katte vs. hunde, giver du billeder, der allerede er mærket som enten "kat" eller "hund". AI'en lærer derefter at skelne de mønstre, der adskiller de to.
- **Uovervåget læring**: I denne type får systemet ikke mærkater. I stedet får det til opgave selv at identificere mønstre eller grupperinger i dataene. For eksempel kan en

AI analysere kundedata og gruppere dem i klynger baseret på købsadfærd, selvom den ikke er blevet fortalt, hvordan disse grupper skal se ud.

- **Forstærkningslæring**: Her lærer AI'en ved at modtage belønninger eller straffe baseret på dens handlinger. For eksempel kan en robot lære at navigere i en labyrint ved at blive belønnet for de rigtige bevægelser og straffet for de forkerte. Denne type læring bruges blandt andet i spil- eller autonome køretøjer.

Deep Learning: Tag det videre

Deep Learning er en specialiseret gren af maskinlæring, der bruger neurale netværk—komplekse strukturer inspireret af den menneskelige hjerne—til at behandle data og træffe beslutninger. Disse netværk består af flere lag, hvor hvert lag lærer mere abstrakte træk fra de data, det behandler.

Deep learning er især kraftfuld til opgaver, der involverer enorme og komplekse datasæt, som at genkende billeder, forstå tale eller behandle et naturligt sprog. For eksempel hjælper deep learning-modeller med at drive selvkørende biler, så de kan fortolke sensordata (som billeder fra kameraer) og forstå verden omkring dem—herunder at registrere fodgængere, genkende trafikskilte og undgå forhindringer.

Det, der gør deep learning unikt, er dets evne til automatisk at udtrække funktioner fra rå data. I traditionel maskinlæring identificerer ingeniører manuelt, hvilke funktioner AI'en skal fokusere på. I deep learning gør systemet dette automatisk, hvilket gør det særligt velegnet til komplekse opgaver, hvor der er mange variable på spil, som at genkende ansigter på billeder eller oversætte sprog.

AI: Det Store Billede

Maskinlæring og deep learning stjæler meget af rampelyset i AI-forskningen i dag, men AI som helhed er meget bredere end disse to områder. AI omfatter også områder som Naturlig Sprogbehandling (NLP), som gør det muligt for computere at forstå og generere menneskesprog, og computer vision, som gør maskiner i stand til at fortolke og analysere visuel information.

I de senere år er AI blevet anvendt i en lang række industrier —fra sundhedspleje og finans til underholdning og produktion. AI hjælper læger med at diagnosticere sygdomme, giver banker mulighed for at opdage svindel, og hjælper endda kunstnere med at skabe nye former for kunst.

Hvorfor AI er vigtigt

At forstå AI er ikke længere kun for computerforskere og ingeniører. AI er allerede en del af vores hverdag, og dens indflydelse er kun begyndt at vokse. Fra virtuelle assistenter til anbefalingssystemer, AI er med til at forme alt fra måden, vi arbejder på, til måden vi lever. Ved at forstå, hvordan AI fungerer, kan vi navigere disse forandringer med større bevidsthed og træffe informerede

KAPITEL 2

Udforskning af AI's Typer

I det forrige kapitel gennemgik vi de grundlæggende begreber inden for kunstig intelligens (AI)—hvad det er, hvordan det fungerer, og hvordan det adskiller sig fra menneskelig intelligens. Nu skal vi tage et nærmere kig på de forskellige typer af AI og hvordan de passer ind i det større billede. Dette kapitel vil udforske Narrow AI, General AI og Artificial Superintelligence (ASI)—de tre hovedkategorier, der definerer omfanget af AI's nuværende evner og fremtidige potentiale.

At forstå disse typer er vigtigt, fordi de giver os et klart billede af, hvor AI står i dag, og hvor det kunne være på vej hen. Vi vil dykke ned i virkelige eksempler på Narrow AI, diskutere de spændende muligheder ved General AI og undersøge de udfordringer (og bekymringer), der er forbundet med udviklingen af Artificial Superintelligence.

1. Narrow AI (Svag AI)

Narrow AI, også kendt som Svag AI, er den mest almindelige form for AI, vi bruger i dag. Denne type AI er designet til at udføre specifikke opgaver, og den gør det virkelig godt. Dog er dens evner begrænset til den opgave, den er programmeret til, og den kan ikke operere uden for dette område. I modsætning til mennesker, der kan anvende viden og ræsonnering på en bred vifte af aktiviteter, er Narrow AI meget specialiseret.

For eksempel er stemmeassistenter som Siri eller Alexa rigtig gode til at svare på kommandoer og udføre opgaver som at sætte på en påmindelse eller spille musik, men de kan ikke gøre noget, der ikke er relateret til deres programmering—som at køre en bil eller stille en medicinsk diagnose. Narrow AI er opgavefokuseret og har hverken selvbevidsthed eller bevidsthed om sin eksistens.

Vigtige kendetegn ved Narrow AI:

- **Opgave-specifik**: Disse systemer er virkelig gode til én ting —det kan være at genkende ansigter på billeder, spille skak eller anbefale produkter på en onlinebutik.

- **Ingen selvbevidsthed**: Narrow AI "tænker" ikke eller har følelser. Det behandler data baseret på algoritmer for at udføre de tildelte opgaver.

- **Data-afhængig**: Disse AI-systemer lærer fra store datasæt, men de "forstår" ikke dataene på samme måde som mennesker. Deres viden er begrænset til deres træning.

Virkelige eksempler på Narrow AI:

- **Stemmeassistenter**: Siri, Alexa og Google Assistant er designet til at forstå og reagere på stemmekommandoer, men deres funktioner er begrænset til de specifikke opgaver, de er programmeret til.

- **Anbefalingssystemer**: AI brugt af platforme som Netflix, Amazon og Spotify analyserer din adfærd for at foreslå film, produkter eller musik, du måske kan lide.

- **Autonome køretøjer**: Selv-kørende biler bruger Narrow AI til at analysere sensordata, opdage forhindringer og navigere på vejene. Dog er AI'en i disse biler specialiseret til kørsel og kan ikke anvende sin viden på andre områder.

- **AI i sundhedsvæsenet**: IBM Watson for Health hjælper læger med at analysere medicinske data og give behandlingsanbefalinger. Disse systemer er skræddersyet til sundhedssektoren og ville kræve betydelig omprogrammering for at kunne arbejde i andre områder.

Selvom Narrow AI allerede er integreret i mange brancher og aspekter af vores daglige liv, er det vigtigt at huske på, at dens styrke er begrænset til de opgaver, den er designet til. Den mangler den fleksibilitet, som menneskelig intelligens har, og kan ikke tilpasse sig uden for det forudprogrammerede område.

2. General AI (AGI - Kunstig Generel Intelligens)

I modsætning til Narrow AI repræsenterer General AI (også kaldet AGI eller Kunstig Generel Intelligens) en mere avanceret, hypotetisk fremtid for AI. Ideen bag AGI er en AI, der kan udføre enhver intellektuel opgave, som et menneske kan gøre. Med andre ord, det ville kunne tænke, ræsonnere, løse problemer og forstå verden på en måde, der minder om menneskers. AGI-systemer ville være tilpasningsdygtige og i stand til at lære nye færdigheder uden at skulle programmeres eller trænes på enorme datasæt.

AGI ville være et kæmpe skridt fremad i forhold til de snævre muligheder, som nuværende AI-systemer har. En AGI kunne overføre viden lært i ét område til et helt andet—på samme måde som en person kan anvende viden fra sit første job i en ny karriere eller lære et nyt sprog efter at have lært et andet.

Vigtige kendetegn ved General AI (AGI):

- **Alsidighed**: AGI ville kunne udføre en bred vifte af opgaver og tilpasse sig nye udfordringer på tværs af forskellige områder.
- **Læring og ræsonnering**: Den ville kunne ræsonnere og lære på måder, der ligner menneskelig tænkning—forstå begreber, anvende logik og træffe beslutninger baseret på erfaring.
- **Selvbevidsthed**: Selvom dette stadig er et emne for debat, foreslår mange fortalere for AGI, at det kunne udvikle en form for selvbevidsthed—en forståelse af sin egen eksistens i verden.

Udfordringer ved at opnå AGI:

- **Kompleksitet**: At efterligne hele spekteret af menneskelig kognitiv kapacitet, såsom abstrakt tænkning, kreativitet og følelsesmæssig intelligens, er en enorm opgave.
- **Etiske spørgsmål**: Skabelsen af AGI rejser store spørgsmål. Hvis AGI bliver selvbevidst, vil det så have rettigheder? Hvilke etiske retningslinjer bør styre dets handlinger? Og hvad hvis det overgår menneskelig intelligens?
- **Beregningsressourcer**: AGI vil sandsynligvis kræve enorme mængder beregningskraft samt en dyb forståelse af den menneskelige hjerne—en viden, vi stadig arbejder på at opnå.

Vejen mod AGI:

Der findes endnu ikke rigtige eksempler på AGI. Men forskning fra organisationer som OpenAI og DeepMind hjælper med at drive feltet fremad. Projekter som DeepMind's AlphaGo eller OpenAI's GPT-modeller viser lovende skridt mod AGI ved at skabe systemer, der kan lære og udføre stadig mere komplekse opgaver. Men disse systemer, selvom de er imponerende, er stadig langt fra den brede, tilpasningsdygtige intelligens, vi forbinder med menneskelig kognition.

3. Artificial Superintelligence (ASI)

Artificial Superintelligence (ASI) tager AGI-konceptet et skridt videre. ASI refererer til en fremtidig AI, der vil overgå menneskelig intelligens på alle områder og overgå selv de bedste menneskelige sind inden for videnskabelig kreativitet, beslutningstagning og sociale interaktioner. I modsætning til AGI, der vil matche menneskelige evner, vil ASI være eksponentielt mere avanceret og i stand til at løse problemer langt ud over menneskelig kapacitet.

Tanken om ASI vækker både fascination og bekymring. En AI, der er klogere end mennesker, kunne hurtigt optimere sig selv og forbedre sin egen intelligens i et accelererende tempo—et fænomen kaldet singulariteten. Når dette sker, kan AI'en blive så avanceret, at den bliver uforudsigelig, og konsekvenserne vil være umulige at forudse eller kontrollere.

Vigtige kendetegn ved ASI:

- **Superhuman Intelligens**: ASI vil overgå mennesker på alle intellektuelle områder, herunder matematik, kreativitet og følelsesmæssig intelligens.
- **Autonom vækst**: ASI kunne potentielt forbedre sig selv uden menneskelig indblanding og hurtigt blive langt mere intelligent end nogen person.
- **Global indflydelse**: ASI kunne revolutionere industrier, omforme regeringsførelse og påvirke samfundet globalt. Men dette medfører også store risici, hvis ikke det håndteres korrekt.

Bekymringer og risici ved ASI:

- **Tab af kontrol**: Hvis ASI overgår menneskelig intelligens, kunne det træffe beslutninger, der er helt uden for vores forståelse eller kontrol.
- **Etiske dilemmaer**: Spørgsmål om rettigheder og ansvar for ASI ville opstå. Kan en AI holdes ansvarlig for sine handlinger? Skal den have rettigheder, eller ville den blot være et værktøj?
- **Eksistentielle risici**: Nogle tænkere som Stephen Hawking og Elon Musk har advaret om, at udviklingen af ASI kunne udgøre en eksistentiel trussel mod menneskeheden, hvis dens magt ikke bliver nøje kontrolleret.

Den nuværende tilstand af ASI:

På nuværende tidspunkt er ASI stadig rent teoretisk—der findes ingen AI i dag, der nærmer sig superintelligent kapacitet. Dog er der igangværende forskning inden for AI-alignering, som forsøger at sikre, at fremtidige AGI- eller ASI-systemer vil handle på måder, der er gavnlige og sikre for menneskeheden.

Fra Narrow AI til AGI og ASI: Hvad er tidslinjen?

Vejen fra Narrow AI til AGI og derefter ASI er usikker, og der er både håb og forsigtighed forbundet med den. Selvom Narrow AI allerede er en del af mange brancher, er udviklingen af AGI stadig langtfra. Nogle eksperter forudser, at vi kunne se AGI inden for et par årtier, mens andre mener, at det måske tager meget længere tid—eller måske slet ikke vil ske.

ASI er endnu længere væk, hvis det overhovedet er muligt. Mange forskere er enige om, at AGI kunne være springbrættet til ASI, men de udfordringer og risici, der er forbundet med at skabe et sådan superintelligent system, er enorme. Derfor er vi sandsynligvis mange år—hvis ikke århundreder—fra at se den fulde realisering af ASI.

Konklusion: Vejen frem for AI

I dette kapitel har vi udforsket de tre hovedtyper af AI: Narrow AI, der driver mange af dagens applikationer; General AI, et potentielt fremtidigt gennembrud; og Artificial Superintelligence, et hypotetisk koncept, der kunne ændre fremtiden for menneskeheden. Mens Narrow AI allerede er med til at forme vores verden, repræsenterer AGI og ASI de langsigtede mål, der kunne forvandle den måde, vi lever og arbejder på.

Efterhånden som AI fortsætter med at udvikle sig, skal vi nøje overveje de etiske, samfundsmæssige og eksistentielle konsekvenser af disse teknologier. Selvom AGI og ASI virker som fjerne begreber, vil forståelsen af deres potentiale hjælpe os med at forberede os på de forandringer, der er på vej.

I det næste kapitel vil vi tage et dybere kig på, hvordan AI egentlig fungerer—og kigge på de algoritmer og teknologier, der ligger bag maskinlæring og deep learning. Med disse grundlæggende begreber på plads vil du være bedre rustet til at forstå, hvordan AI-systemer lærer og tilpasser sig verden omkring dem.

KAPITEL 3

Hvordan fungerer AI?

E fter at have gennemgået de grundlæggende principper for kunstig intelligens og udforsket de forskellige typer, dykker vi nu ned i hjertet af AI – hvordan den faktisk fungerer. Selvom AI måske virker mystisk eller endda magisk, er den i virkeligheden bygget på nogle helt konkrete byggesten: algoritmer, data og beregningsprocesser. I dette kapitel vil vi tage disse elementer under lup og forklare, hvordan AI-systemer lærer, træffer beslutninger og bliver bedre over tid.

Vi fokuserer på, hvordan AI arbejder med data, identificerer mønstre og laver forudsigelser. Vi vil også introducere de to vigtigste metoder, der driver moderne AI: maskinlæring og dyb læring. Når du er færdig med dette kapitel, vil du have en solid forståelse af de grundlæggende principper bag AI og hvordan data spiller en central rolle i træningen af AI-modeller.

1. Dataens rolle i AI

Data er fundamentet for AI. Uanset om AI genkender et ansigt, forudser vejret eller anbefaler et produkt, handler det i sidste ende om data. Uden data ville AI ikke kunne lære eller træffe beslutninger. I maskinlæring taler vi om "træningsdata," som er en samling af eksempler, der bruges til at lære et AI-system at udføre en bestemt opgave. Jo bedre dataene er, jo bedre kan AI lære.

For eksempel, hvis du træner en AI til at genkende katte på billeder, skal du bruge en samling af billeder – nogle med katte og nogle uden. AI'en lærer at opdage kendetegn, der er typiske for katte, som deres form, størrelse og pelsmønstre. Denne træningsproces hjælper AI'en med at lave præcise forudsigelser, når den støder på nye billeder.

Typer af data i AI:

- **Strukturerede data**: Dette er godt organiserede data, der er nemme at bearbejde, som tal, datoer og kategorier. Tænk på data i regneark eller traditionelle databaser.
- **Ustrukturerede data**: Data, der ikke har en foruddefineret struktur. Eksempler er billeder, videoer og tekst. De fleste AI-systemer, især dybe læringsmodeller, bruger denne type data. For eksempel er billeder af katte eller tweets ustrukturerede data.
- **Semi-strukturerede data**: Dette ligger et sted imellem. Det har nogle organisatoriske elementer, men følger ikke den stive struktur af traditionelle databaser. Et eksempel kunne være e-mails, der har noget standardiseret metadata, men forskelligt indhold.

AI-systemer er designet til at gennemgå disse data, spotte mønstre og bruge informationen til at træffe beslutninger eller lave forudsigelser. Jo mere data AI'en har, jo mere præcise bliver dens handlinger. Derfor er det så vigtigt at have adgang til store, kvalitetsfyldte datasæt.

2. Algoritmer: Hjernen bag AI

Når AI har de nødvendige data, skal den bruge en algoritme til at bearbejde og lære fra dem. En algoritme er en samling af instruktioner eller regler, der fortæller AI'en, hvordan den skal gribe en opgave an. Algoritmerne gør det muligt for maskiner at opdage mønstre, forbedre deres beslutningstagning over tid og blive smartere.

For eksempel, lad os sige, at en AI er trænet til at klassificere billeder – for eksempel at skelne mellem billeder af katte og hunde. Algoritmen analyserer billedets pixeldata, udtrækker træk som pelsmønstre eller former og forudser derefter, om det er en kat eller en hund. Over tid forbedrer algoritmen sin præcision ved at justere sig baseret på feedback (korrekte eller forkerte forudsigelser).

Almindelige algoritmer i AI:

- **Beslutningstræer**: Disse fungerer som flowdiagrammer, der bryder beslutninger ned baseret på bestemte attributter af dataene. De bruges ofte til opgaver som at klassificere, om en e-mail er spam eller ej.

- **Lineær regression**: En statistisk teknik, der modellerer forholdet mellem en afhængig variabel (f.eks. huspriser) og en eller flere uafhængige variable (f.eks. kvadratmeter).

- **K-Nærmeste naboer (KNN)**: Denne algoritme klassificerer data ved at se på dens "naboer" – lignende datapunkter. For eksempel kan den forudsige en films genre ved at kigge på lignende film med hensyn til vurderinger eller anmeldelser.

- **Støttevektormaskiner (SVM)**: SVM bruges til klassifikation. Den arbejder ved at finde den linje eller overflade, der bedst adskiller forskellige typer data.

- **Neurale netværk**: Komplekse algoritmer inspireret af den menneskelige hjerne, bestående af lag af sammenkoblede noder (eller neuroner). Neurale netværk er især kraftfulde til opgaver som billedgenkendelse, talebehandling og sprogforståelse.

3. Hvordan AI lærer: Grundprincipperne i maskinlæring

AI lærer gennem eksponering for data, og over tid bliver den bedre til at lave forudsigelser eller træffe beslutninger. I maskinlæring (ML) er målet at udvikle algoritmer, der automatisk forbedres ved at lære fra data, i stedet for at stole på eksplicit programmering til hver opgave.

Der er tre hovedtyper af maskinlæring:

- **Overvåget læring**: I overvåget læring trænes AI'en på mærkede data, hvilket betyder, at den ønskede output allerede er givet. Algoritmen lærer ved at matche input med de korrekte output og justerer sine forudsigelser baseret på feedback. For eksempel ville en spamfilter blive trænet på e-mails mærket som "spam" eller "ikke spam."
- **Uovervåget læring**: I uovervåget læring får AI'en data uden mærkater, og den skal selv finde mønstre eller strukturer. Den ved ikke, hvad de korrekte svar er, men prøver at gruppere eller organisere dataene på meningsfulde måder. En almindelig teknik er clustering, hvor algoritmen grupperer lignende datapunkter. For eksempel kunne en virksomhed bruge uovervåget læring til at segmentere kunder baseret på købsmønstre, selvom de ikke har defineret disse kundesegmenter på forhånd.
- **Forstærkningslæring**: Forstærkningslæring (RL) minder om trial and error. En AI-agent interagerer med et miljø og lærer ved at modtage belønninger eller straffe for sine handlinger. Over tid lærer den, hvilke handlinger der fører til de bedste resultater. Et eksempel er en spil-AI som AlphaGo, der lærer at forbedre sine strategier ved at spille spil og justere sig baseret på vundne og tabte spil.

4. Dyb læring: Avancerede neurale netværk

Mens maskinlæring er kraftfuldt, tager dyb læring det et skridt videre ved at bruge dybe neurale netværk – algoritmer med flere lag af behandlingsenheder. Disse dybe netværk er designet til automatisk at lære træk fra rådata uden meget menneskelig input.

Dyb læring er særligt effektivt til komplekse opgaver, der involverer store datasæt, som:

- Billedgenkendelse (f.eks. identificering af objekter på et foto)
- Talebehandling (f.eks. transskription af talte ord til tekst)

- Naturlig sprogbehandling (NLP) (f.eks. forståelse og generering af menneskelig sprog)

Dyb læring-netværk består af lag af kunstige neuroner, der behandler data i stadier. Hvert lag forfiner dataene, før det sendes videre til næste lag, hvilket hjælper AI'en med at lære mere abstrakte træk, jo dybere den går. For eksempel kan det første lag i billedklassifikation detektere kanter, det næste lag kan identificere former, og det tredje lag kan genkende objekter som katte eller hunde.

Dyb læring har transformeret områder som computer vision og NLP. For eksempel bruges konvolutionelle neurale netværk (CNNs) i alt fra autonome køretøjer til talebaserede assistenter.

5. Hvordan AI træffer beslutninger: Fra data til handling

Når en AI er blevet trænet på data, og algoritmen har lært af disse data, er den klar til at træffe beslutninger. Beslutningstagningen følger typisk disse trin:

- **Inputbehandling**: AI'en modtager inputdata (f.eks. et billede eller en sætning).
- **Mønster-genkendelse**: Den behandler inputtet for at finde mønstre eller træk – f.eks. at genkende objekter på et billede eller opdage følelser i tekst.
- **Beslutningstagning**: Baseret på de mønstre, den finder, træffer AI'en en forudsigelse eller beslutning. For eksempel kunne den klassificere et billede som en "kat" eller "hund," eller forudse, om en kunde sandsynligvis vil gennemføre et køb.
- **Output**: Til sidst genererer AI'en et output, som kan være en klassifikation, en anbefaling, en forudsigelse eller endda en handling (som at styre en selvkørende bil).

Nøjagtigheden af disse beslutninger afhænger af datakvaliteten, algoritmens design og hvor godt systemet er trænet.

Konklusion: AI's magt forklaret

I dette kapitel har vi gennemgået byggestenene bag AI – data, algoritmer og processerne i maskinlæring og dyb læring. Disse komponenter arbejder sammen og gør det muligt for AI at lære af data, spotte mønstre og træffe beslutninger, der forbedres over tid. Nu hvor du forstår de grundlæggende principper, kan du se, hvordan AI-systemer løser virkelige problemer inden for områder som sundhed, finans og meget mere.

I næste kapitel ser vi på, hvordan AI anvendes på tværs af forskellige industrier og udforsker de spændende muligheder, det rummer for fremtiden.

KAPITEL 4

AI i den virkelige verden

N u hvor vi har fået en god forståelse af, hvordan AI fungerer, er det tid til at dykke ned i de spændende måder, hvorpå AI allerede er med til at ændre verden omkring os. Fra sundhedspleje til finans, transport til underholdning, så er AI allerede i gang med at omforme industrier, effektivisere processer, forbedre beslutningstagning og åbne op for helt nye muligheder, som før kun hørte til i science fiction.

I dette kapitel vil vi se på nogle af de mest indflydelsesrige måder, AI bruges på i dag, diskutere fordele og udfordringer ved at implementere disse teknologier og fremhæve nogle af de spændende innovationer, der driver forandring i forskellige sektorer.

1. Sundhedspleje: Revolutionering af patientbehandling

AI's rolle inden for sundhedspleje vokser hurtigt, og den er med til at forbedre alt fra diagnosticering til lægemiddelopdagelse. En af AI's største fordele her er dens evne til at bearbejde enorme mængder data – langt mere end noget menneske kunne håndtere. Ved at analysere patientjournaler, medicinske billeder og videnskabelige studier kan AI finde mønstre, der hjælper læger med at træffe hurtigere og mere præcise beslutninger.

AI i diagnostik

AI er allerede med til at hjælpe læger med at opdage sygdomme tidligere, ofte før symptomerne viser sig. For eksempel bruges AI-algoritmer til at analysere medicinske billeder som røntgenbilleder, MR-scanninger og CT-scanninger for at identificere tegn på tumorer, brud eller hjertesygdomme. Disse systemer kan fange subtile detaljer, som det menneskelige øje måske overser, hvilket forbedrer diagnostikens præcision.

Inden for dermatologi kan AI scanne hudlæsioner og hurtigt spotte tegn på melanom eller andre hudkræftformer. Og i radiologi har AI-værktøjer som Googles DeepMind vist sig at kunne opdage lungekræft fra CT-scanninger mere pålideligt end nogle radiologer.

AI i lægemiddelopdagelse

At finde nye lægemidler er en dyr og tidskrævende proces. Men AI fremskynder processen. Maskinlæringsmodeller kan analysere enorme datasæt for at finde ud af, hvilke molekyler der er mest sandsynlige at være effektive mod bestemte sygdomme. For eksempel bruges AI til at finde potentielle behandlinger for Alzheimer, kræft og endda COVID-19. AI kan også forudsige, hvilke patienter der bedst vil reagere på en bestemt behandling, hvilket hjælper med at strømline kliniske forsøg og gøre dem mere effektive.

Personlig medicin

Med AI bliver sundhedspleje mere skræddersyet til den enkelte. Ved at analysere en persons genetiske data, livsstil og medicinske historie kan AI anbefale personlige behandlingsplaner, der har større sandsynlighed for at virke og samtidig have færre bivirkninger. For eksempel hjælper AI læger med at designe behandlingsplaner i kræftbehandling baseret på de specifikke genetiske mutationer i en patients tumor.

2. Finans: Forbedring af finansielle tjenester

Den finansielle sektor har hurtigt taget AI til sig og bruger den til at automatisere opgaver, forbedre sikkerhed og træffe smartere investeringsbeslutninger. Fra at opdage svindel til algoritmisk handel, er AI med til at strømline, hvordan finansielle institutioner opererer.

AI i svindeldetektering

AI transformerer svindeldetektering i finansverdenen ved at analysere transaktionsdata i realtid for at spotte usædvanlige mønstre. Maskinlæringssystemer kan lære af enorme mængder transaktionshistorik og blive bedre til kontinuerligt at identificere svigagtig aktivitet. Disse værktøjer kan fange kreditkortsvindel, forhindre identitetstyveri og endda opdage insiderhandel.

For eksempel bruger banker AI til at overvåge kreditkorttransaktioner og sende øjeblikkelige advarsler til kunderne, hvis de opdager mistænkelige køb. Forsikringsselskaber bruger også AI til at flagge svigagtige krav ved at analysere datamønstre og uoverensstemmelser.

AI i algoritmisk handel

Inden for finansverdenen revolutionerer AI handel. Algoritmisk handel bruger maskinlæring til at analysere markedsdata, nyheder og endda sociale medier for at forudsige markedsbevægelser og udføre handler med lynets hast. AI-systemer kan reagere på markedsændringer langt hurtigere end menneskelige tradere, hvilket gør dem meget effektive til at udnytte kortsigtede muligheder og håndtere risiko.

Mange investeringsselskaber, hedgefonde og børser bruger nu AI til handel, da det hjælper med at automatisere beslutningstagning og øge effektiviteten.

AI i kundeservice

AI forbedrer også kundeservice i bank- og finanssektoren.

Virtuelle assistenter og chatbots, der er drevet af naturlig sprogbehandling (NLP), hjælper institutionerne med at håndtere kundehenvendelser, behandle transaktioner og give finansielle råd. For eksempel hjælper Bank of Americas AI-assistent, Erica, brugere med at tjekke saldoer, betale regninger og holde styr på udgifter.

AI personaliserer også kundeoplevelser ved at analysere finansielle data og anbefale de bedste kreditkort, lån eller investeringsprodukter baseret på den enkeltes behov og præferencer.

3. Transport: Selvstyrende biler og smartere trafik

AI spiller en stor rolle i at transformere, hvordan vi rejser, især gennem selvkørende biler og smartere trafikstyring. Fra autonome køretøjer til realtids trafikstyring, gør AI transporten mere sikker, effektiv og bæredygtig.

Selvstyrende biler

Autonome køretøjer er en af de mest opsigtsvækkende anvendelser af AI i transport. Ved at bruge en kombination af sensorer, maskinlæring og computer vision kan selvkørende biler navigere på vejene, undgå forhindringer og træffe beslutninger i realtid. Disse biler behandler data fra kameraer, radar og LIDAR-sensorer for at bygge et kort af deres omgivelser og træffe beslutninger om, hvornår de skal bremse eller skifte vognbane.

Virksomheder som Tesla, Waymo og Uber er førende i udviklingen af fuldstændigt autonome biler med det mål at forbedre sikkerheden, mindske trafikbelastning og øge transporteffektiviteten.

AI i trafikstyring

AI forvandler også, hvordan byer styrer trafikken. Ved at analysere realtids trafikdata fra sensorer, GPS og kameraer kan AI-systemer optimere trafiklys, reducere trængsel og forbedre trafikflowet. For eksempel kan AI-drevne trafiksystemer justere signaler baseret på den aktuelle trafikmængde og dermed hjælpe bilister med at undgå forsinkelser.

AI kan også forudsige trafikmønstre og foreslå alternative ruter for at undgå trafikpropper, hvilket gør pendlingen mere glidende og mindre stressende.

4. Detailhandel og E-handel: AI til en personlig shoppingoplevelse

AI revolutionerer, hvordan vi shopper – både online og i fysiske butikker. Forhandlere bruger AI til at optimere lagerstyring, personalisere shoppingoplevelsen og forbedre prisstrategier. Gigantiske virksomheder som Amazon, Alibaba og eBay integrerer AI i stort set alle aspekter af deres forretningsdrift.

Personlig shopping

AI forbedrer kundeoplevelsen ved at gøre den mere personlig. Forhandlere bruger AI til at analysere kundedata – som tidligere køb, browserhistorik og præferencer – og foreslå produkter, kunderne sandsynligvis vil købe. Dette øger ikke kun salget, men forbedrer også kundetilfredsheden.

For eksempel foreslår Amazons AI produkter baseret på, hvad kunderne tidligere har købt eller kigget på. Tilsvarende bruger platforme som Netflix og Spotify AI til at anbefale film, shows og sange baseret på din seer- eller lytterhistorik.

Lagerstyring og efterspørgselsprognoser

AI forbedrer også, hvordan detailhandlere håndterer deres lager. Ved at analysere salgsdata, sæsonbestemte tendenser og eksterne faktorer som vejret kan AI forudsige efterspørgslen på bestemte produkter og hjælpe virksomheder med at få de rette varer på lager. Dette resulterer i færre tomme hylder og mindre spildt lagerbeholdning.

Detailhandlere bruger også AI til at fastsætte dynamiske priser, hvor priserne justeres ud fra faktorer som efterspørgsel, konkurrence og lagerbeholdning. Dette sikrer, at virksomheder kan maksimere indtægterne og forblive konkurrencedygtige.

5. Underholdning: AI i indholdsproduktion og anbefalinger

AI sætter også sit præg på underholdningsindustrien ved at hjælpe med at skabe indhold og tilpasse anbefalinger. Fra personlige filmforslag til AI-genereret musik og kunst, er de kreative muligheder næsten uendelige.

AI i indholdsproduktion

AI kan nu skabe musik, kunst og endda skriftligt indhold. For eksempel kan AI-systemer som OpenAI's GPT-3 skrive historier, artikler eller poesi baseret på menneskelige input. AI kan også komponere original musik ved at analysere mønstre i eksisterende sange.

Inden for film- og videoproduktion bruges AI til at forbedre specialeffekter, strømline redigering og endda generere CGI-figurer, der bevæger sig og opfører sig realistisk. Værktøjer som DeepArt omdanner fotos til digitale malerier, mens Adobe Sensei hjælper videoeditions med automatisk at sortere og tagge optagelser.

AI i indholdsrekommendationer

Ligesom AI driver personlige produktanbefalinger i detailhandlen, driver den også medieanbefalinger på platforme som Netflix, YouTube og Spotify. Disse platforme bruger maskinlæring til at analysere brugerpræferencer og foreslå indhold, som du sandsynligvis vil nyde baseret på din visnings-, lytte- eller browserhistorik.

AI har revolutioneret indholdsopdagelse og gjort det lettere at finde film, shows og musik, der passer til din smag.

Konklusion: AI's transformative effekt på industrier

AI er ikke længere kun et buzzword – det er en teknologi, der aktivt er med til at omforme industrier og ændre den måde, vi lever og arbejder på. Fra sundhedsvæsen til finans, transport til underholdning forbedrer AI effektiviteten, løser komplekse problemer og skaber nye muligheder, der ikke var mulige før.

Efterhånden som AI fortsætter med at udvikle sig, vil vi sandsynligvis se endnu flere banebrydende anvendelser dukke op. Men med disse innovationer følger også vigtige udfordringer som etiske spørgsmål, jobudskiftning og behovet for ansvarlig udvikling. I næste kapitel vil vi udforske disse udfordringer nærmere og diskutere, hvordan vi kan sikre, at AI udvikles og bruges på måder, der gavner samfundet.

Dette kapitel har givet et indblik i AI's virkelige anvendelser og vist, hvordan det allerede gør en konkret forskel i industrier verden over. Med AI's fortsatte vækst vil dens indflydelse på vores hverdag kun stige, og vi står overfor både utrolige muligheder og nye udfordringer at tackle.

KAPITEL 5

At navigere i AI's udfordringer
og etiske overvejelser

Efterhånden som AI fortsætter med at udvikle sig og omforme industrien, åbner det op for utallige muligheder for vækst, effektivitet og problemløsning. Men med disse muligheder følger også udfordringer – og nogle svære etiske spørgsmål. For at sikre, at AI udvikles og bruges på en måde, der gavner samfundet som helhed, er det nødvendigt at tænke nøje over konsekvenserne og tage fat på spørgsmål som bias, jobtab, privatlivets fred og ansvarlighed.

I dette kapitel vil vi dykke ned i nogle af de vigtigste udfordringer, vi står overfor, efterhånden som AI-teknologien udvikler sig. Vi vil undersøge, hvordan disse problemer påvirker forskellige aspekter af vores liv og diskutere, hvorfor det er så vigtigt at opstille retningslinjer og politikker, der sikrer, at AI anvendes ansvarligt.

1. Bias i AI: Risikoen for uretfærdige beslutninger

En af de største bekymringer omkring AI er risikoen for bias. AI-systemer er kun så gode som de data, de trænes på, og hvis disse data er præget af bias – ubevidst eller systemisk – kan AI arve og endda forstærke disse fordomme. Det kan føre til beslutninger, der uretfærdigt skader bestemte grupper, især marginaliserede samfund.

Eksempelvis kan AI, der bruges i ansættelsesprocesser, uden at vide det favorisere kandidater fra bestemte demografiske baggrunde, hvis dataene afspejler bias i tidligere ansættelsesmønstre. Tilsvarende har ansigtsgenkendelsesteknologi vist sig at være mindre præcis, når den identificerer personer med en anden etnisk baggrund, især sorte og asiatiske individer, da disse grupper har været underrepræsenteret i træningsdataene.

Typer af bias i AI

- **Data-bias**: Hvis træningsdataene er ufuldstændige eller skæve, vil AI-systemet producere biased resultater. For eksempel, hvis en ansættelses-AI er trænet på data fra et firma, der historisk har ansat flere mænd end kvinder, vil AI'en måske foretrække mandlige kandidater.
- **Algoritmisk bias**: Selv med objektive data kan algoritmerne selv introducere bias. Nogle maskinlæringsmodeller kan utilsigtet vægte visse funktioner for tungt, hvilket kan føre til skæve resultater.
- **Implicit bias**: Udviklerne kan også ubevidst introducere deres egne fordomme, når de skaber AI-systemer – ved at vælge, hvilke data de vil bruge, hvordan de mærker dem, og hvilke faktorer de prioriterer.

Hvordan kan vi løse det?

Forskere og udviklere arbejder hårdt på at gøre AI mere retfærdig og gennemsigtig. Nogle løsninger inkluderer:

- **Mere mangfoldige datasæt**: Sørge for, at AI trænes på data, der afspejler den mangfoldighed af mennesker og erfaringer, det skal betjene.
- **Bias-detektion og revision**: Regelmæssigt teste og revidere AI-systemer for at identificere og rette bias.
- **Gennemsigtighed**: Bygge AI på en måde, der gør det

let at forstå, hvordan beslutninger træffes, så brugerne kan udfordre biased resultater.

At adressere bias i AI handler ikke kun om retfærdighed – det handler også om at opbygge tillid til disse systemer. Hvis folk mener, at AI-systemer er biased, kan de blive tøvende med at bruge dem, især i kritiske områder som ansættelser, sundhedspleje og retshåndhævelse.

2. Jobtab: Skiftet i beskæftigelsen

Efterhånden som AI bliver mere i stand til at automatisere opgaver, vokser bekymringen for, at det kan føre til omfattende jobtab. Mange jobs, især dem der involverer rutineopgaver, er i risiko for at blive overtaget af maskiner, der kan udføre dem hurtigere og mere præcist end mennesker.

Nogle industrier er særligt sårbare:

- **Fremstilling**: AI-drevne robotter håndterer allerede opgaver som samling, kvalitetskontrol og pakning i fabrikker.
- **Transport**: Selvstyrende køretøjer kunne erstatte millioner af job inden for logistik, levering og kørsel.
- **Kundeservice**: Chatbots og virtuelle assistenter overtager roller, der tidligere krævede menneskelig interaktion, såsom at besvare kundehenvendelser eller behandle bestillinger.

Selvom det er sandt, at AI kan føre til jobtab i visse sektorer, skaber det også nye muligheder inden for områder som AI-udvikling, datalogi, cybersikkerhed og etik. Disse nye job kræver dog andre færdigheder, hvilket betyder, at arbejdstagere måske skal have omskoling for at forblive relevante på arbejdsmarkedet.

Hvad kan der gøres?

For at hjælpe arbejdstagere med at tilpasse sig, har vi brug for samarbejde mellem regeringer, virksomheder og uddannelsesinstitutioner om at tilbyde efteruddannelses- og opkvalificeringsprogrammer. Nogle foreslår også politikker som universel grundindkomst (UBI) eller lønsubsidier for at støtte personer, der midlertidigt mister deres job, når automatiseringen tager over.

AI har potentiale til at øge produktiviteten og skabe nye økonomiske muligheder, men det kræver omhyggelig planlægning for at sikre, at dens fordele deles retfærdigt – og at de, der bliver fordrevet af automatiseringen, får støtte til at finde nye roller.

3. Bekymringer om privatliv: De data, vi deler

AI er stærkt afhængig af data – ofte personlige data. For at AI kan fungere, har den brug for store datasæt, og meget af disse data er følsomme. Uanset om det drejer sig om medicinske optegnelser, økonomiske oplysninger eller webbrowserhistorik, rejser AI's behov for persondata betydelige privatlivsproblemer.

Risici for privatlivet

- **Databrud**: Hvis AI-systemer ikke er ordentligt sikrede, kan hackere trænge ind og stjæle følsomme data.
- **Overvågning**: AI-drevne værktøjer, som ansigtsgenkendelse, kan spore mennesker i offentlige rum eller online, hvilket rejser bekymringer om massedatainsamling.
- **Misbrug af data**: Der er risiko for, at persondata indsamlet af AI bruges til formål, folk ikke har givet samtykke til – som målrettet reklame eller politisk manipulation.

Beskytte privatlivet

For at beskytte privatlivet er stærke regler og privatlivsstandarder afgørende. I steder som EU giver love som GDPR folk mere kontrol over deres personlige data og kræver gennemsigtighed fra virksomheder om, hvordan de indsamler og bruger data.

AI-udviklere kan også bruge teknikker som differentiel privatliv (anonymisering af data) og kryptering for at beskytte personlige oplysninger, samtidig med at de bruger data til at træne AI-systemer. Ved at finde en balance mellem databehov og privatlivsbeskyttelse kan vi reducere risiciene, samtidig med at vi stadig høster fordelene ved AI.

4. Sikkerhedsrisici: At holde AI-systemer sikre

Efterhånden som AI bliver mere integreret i kritisk infrastruktur og dagligdagen, bliver dets sikkerhed endnu vigtigere. Onde aktører kunne udnytte sårbarheder i AI-systemer til at iværksætte cyberangreb, stjæle følsomme oplysninger eller forstyrre tjenester.

For eksempel kan AI, der bruges i autonome køretøjer eller droner, blive hacket til at forårsage ulykker eller sabotere operationer. Tilsvarende kunne AI-systemer, der bruges i finansverdenen, blive målrettet for svindel eller økonomisk manipulation. Der er også bekymringer omkring angreb, hvor små, næsten umærkelige ændringer i inputdata kan narre AI-modeller til at lave fejl.

Sikre AI

For at holde AI-systemer sikre, skal udviklerne bygge dem med robuste sikkerhedsfunktioner – som kryptering, adgangskontrol og kontinuerlig overvågning. AI-systemer skal også være i stand til at genkende og reagere på sikkerhedstrusler i realtid, på samme måde som de er trænet til at udføre deres kerneopgaver.

5. Ansvar og ansvarlighed: Hvem er ansvarlig?

Efterhånden som AI bliver mere autonom, bliver spørgsmålet om ansvar mere kompliceret. Hvis en AI begår en fejl – som en selvkørende bil, der forårsager en ulykke, eller en biased ansættelsesbeslutning – hvem er da ansvarlig?

I modsætning til menneskelige beslutninger, der kan spores tilbage til individer eller teams, er AI-beslutninger baseret på algoritmer og data, der ikke altid er gennemsigtige eller fuldt ud forstået. Det rejser vigtige spørgsmål om, hvem der er ansvarlig, når noget går galt.

Hvem er ansvarlig?

- **Ansvar**: Skal virksomheden, der skabte AI, holdes ansvarlig for dens handlinger?
- **Gennemsigtighed**: Skal udviklerne være forpligtede til at forklare, hvordan deres AI fungerer, og hvordan den træffer beslutninger?

Sikring af ansvar

For at sikre ansvar skal AI-systemer være gennemsigtige og forklarbare. Det betyder, at brugere og reguleringsmyndigheder skal kunne forstå, hvordan beslutninger træffes, så det, hvis noget går galt, er lettere at finde ud af hvorfor – og hvem der skal holdes ansvarlig.

Regeringer og reguleringsmyndigheder kan også blive nødt til at skabe lovgivningsmæssige rammer for at tage fat på disse problemer og opstille klare regler for, hvordan AI skal udvikles, implementeres og stilles til ansvar.

Konklusion: Skabe en ansvarlig AI-fremtid

AI har potentiale til at bringe enorme fordele til samfundet, men det medfører også betydelige udfordringer og etiske dilemmaer. Ved at tage fat på problemer som bias, jobtab, privatliv, sikkerhed og ansvarlighed kan vi sikre, at AI udvikles og anvendes på en måde, der gavner alle – ikke kun en udvalgt skare.

Efterhånden som AI-teknologien fortsætter med at udvikle sig, er det vigtigt, at vi fortsætter samtalen og udvikler politikker, der guider dens ansvarlige brug. På den måde kan vi udnytte AI's potentiale til at løse problemer, forbedre liv og bygge en bedre fremtid for alle.

Dette kapitel har belyst de etiske udfordringer, vi står overfor, efterhånden som AI bliver en mere integreret del af vores liv. I næste kapitel vil vi undersøge, hvad fremtiden har at byde på for AI – fra nye trends til teknologier, og hvordan vi bedst kan forberede os på, hvad der kommer.

KAPITEL 6

Fremtiden for AI

N år vi ser fremad, er det klart, at kunstig intelligens (AI) vil fortsætte med at forme og redefinere vores verden på dybtgående måder. Fra hvordan vi arbejder og lærer, til hvordan vi interagerer med teknologi og med hinanden, er AI sat til at spille en central rolle i den næste bølge af innovation. Men hvordan ser denne fremtid egentlig ud? I dette kapitel vil vi udforske nye tendenser, spændende udviklinger og de udfordringer, vi skal tage fat på, når vi bevæger os fremad.

Vi vil dykke ned i de områder, hvor AI er klar til at få størst indflydelse, stigningen i automatisering og hvordan samfundet kan forberede sig på de ændringer, som disse teknologier vil medføre. Vi vil også kigge på de etiske aspekter af AI's udvikling og behovet for globalt samarbejde om at styre dens fremtid.

1. AI og væksten af automatisering

En af de mest markante ændringer, vi kan forvente i de kommende år, er en yderligere stigning i automatiseringen. AI har allerede gjort sit indtog i områder som fremstilling, finans, detailhandel og transport, men som teknologien udvikler sig, vil den overtage endnu mere komplekse og essentielle opgaver, der tidligere blev håndteret af mennesker.

AI på arbejdsmarkedet

Automatisering drevet af AI er ved at omforme den måde, vi arbejder på. For eksempel i kundeservice er AI-drevne chatbots og virtuelle assistenter allerede ved at erstatte de traditionelle call center-roller. I finanssektoren hjælper AI med at opdage svindel, analysere risici og endda automatisere beslutninger som kreditgodkendelser.

Men det stopper ikke her. AI har potentiale til at automatisere mere specialiserede jobs. I juraen kunne AI-værktøjer f.eks. gennemgå juridiske dokumenter, mens vi i sundhedsvæsenet kunne se robotkirurgi eller AI-drevne behandlingsanbefalinger.

Det betyder ikke, at AI vil erstatte alle jobs, men at det vil ændre den type jobs, der er tilgængelige. Det arbejde, vi laver, kan i højere grad dreje sig om kreative, strategiske og følelsesmæssigt intelligente opgaver—ting, som AI ikke nemt kan efterligne. Fremtidens arbejde vil sandsynligvis være en blanding af menneskelige og maskinelle evner, hvor de to komplementerer hinanden.

AI i autonome systemer

Et andet område, der vil opleve store fremskridt, er autonome systemer, fra selvkørende biler til droner, robotter og endda autonome skibe. Virksomheder som Tesla, Waymo og Uber tester allerede selvkørende køretøjer, og i løbet af det næste årti vil disse teknologier blive sikrere, klogere og mere pålidelige.

Udover transport kan autonome robotter og droner bruges i industrier som byggeri, landbrug, levering og endda katastrofehåndtering. Forestil dig robotter, der inspicerer rørledninger, droner, der leverer pakker til fjerntliggende områder, eller autonome køretøjer, der redder mennesker efter en naturkatastrofe.

Selvfølgelig, mens automatiseringen lover større effektivitet, rejser den også vigtige bekymringer om jobtab, som vi har diskuteret tidligere. For at håndtere denne overgang, bliver vi nødt til at fokusere på omskoling og forberede arbejdsstyrken på nye roller i en AI-drevet økonomi.

2. Fremkomsten af Kunstig Generel Intelligens (AGI)

Den AI, vi ser i dag, er hovedsageligt "snæver AI," som er designet til at udføre specifikke opgaver—om det så er at spille skak, analysere billeder eller oversætte sprog. Men fremtiden kan byde på fremkomsten af Kunstig Generel Intelligens (AGI), en type AI, der kan forstå og udføre et bredt spektrum af opgaver på tværs af forskellige domæner, meget ligesom den menneskelige hjerne.

Hvad er AGI?

AGI ville være i stand til at lære nye opgaver selvstændigt, tilpasse sig nye omgivelser og anvende viden på tværs af flere områder —fra videnskab og medicin til kunst og underholdning. Denne type intelligens kunne revolutionere alt fra, hvordan vi tackler globale udfordringer som klimaforandringer, til hvordan vi løser problemer i områder som sundhed, uddannelse og kreative industrier.

Udviklingen af AGI er dog stadig langt ude i fremtiden. Forskere gør fremskridt, men vi ved ikke, hvornår (eller om) vi vil få ægte AGI. Det er en utrolig kompleks udfordring at skabe et system, der ikke kun mestrer individuelle opgaver, men som også forstår kontekst og kan udvise sund fornuft.

Løfterne og risiciene ved AGI

De potentielle fordele ved AGI er enorme. Hvis AGI udvikles ansvarligt, kunne det hjælpe med at tackle nogle af verdens største problemer, som at kurere sygdomme eller styre planetens ressourcer mere effektivt. Et AGI-system kunne behandle enorme mængder data og finde løsninger, som mennesker alene måske ikke ville opdage.

Men AGI rummer også betydelige risici. En bekymring er, at AGI uden ordentlig justering til menneskelige værdier kunne handle på måder, der er skadelige eller uforudsigelige. At sikre, at AGI-systemer er i overensstemmelse med menneskelige mål, vil være en af de største udfordringer i udviklingen af AGI.

Desuden kunne koncentrationen af magt i hænderne på et par virksomheder eller regeringer, der kontrollerer AGI-teknologier, føre til økonomisk og social ulighed, eller endnu værre, misbrug af disse teknologier til ondsindede formål.

3. AI og menneskelig samarbejde: At forbedre, ikke erstatte

En af de mest spændende perspektiver for fremtiden er potentialet for AI og mennesker til at arbejde sammen på måder, der forstærker vores evner. Denne idé—ofte kaldet "augmented intelligence"—fokuserer på at bruge AI til at supplere og støtte menneskelige færdigheder, i stedet for at erstatte dem.

AI som en kreativ partner

I kreative industrier bruges AI allerede til at styrke menneskelig kreativitet. Værktøjer som DALL-E og GPT-3 giver kunstnere, forfattere og musikere mulighed for at generere indhold baseret på enkle prompts, og giver dem en ny kilde til inspiration og kreativitet. AI kan hjælpe med at strømline dele af den kreative proces, fra idéudvikling til finpudsning af udkast, så skaberne får mere tid til at fokusere på de mere overordnede opgaver.

AI bruges også til at assistere i videnskabelig forskning. I områder som lægemiddelopdagelse og miljøvidenskab kan AI analysere store datasæt for at identificere mønstre og foreslå mulige løsninger. Ved at automatisere rutineopgaver giver AI forskerne mere tid til de mere innovative aspekter af deres arbejde.

AI som en beslutningstagende partner

I sundhedsvæsenet bruges AI til at hjælpe læger med at diagnosticere sygdomme, planlægge behandlinger og forudsige patientresultater. Ved at analysere medicinske data kan AI komme med anbefalinger, der hjælper sundhedspersonale med at træffe mere præcise beslutninger, hvilket i sidste ende forbedrer patientplejen.

I erhvervslivet kan AI-systemer analysere markedstendenser, kundeadfærd og driftsdata, og hjælpe virksomheder med at træffe bedre beslutninger om produktudvikling, marketingstrategier og økonomisk planlægning. I disse tilfælde er AI ikke en erstatning for menneskelig dømmekraft—den forstærker den og giver nye indsigter, som ellers kunne være svære at få uden maskinhjælp.

4. AI's etiske side: Globalt samarbejde er afgørende

Når AI bliver mere magtfuld og udbredt, bliver behovet for etiske retningslinjer og globalt samarbejde vigtigere end nogensinde. AI har potentiale til både at give enorme fordele og medføre store risici, så det er essentielt, at lande, virksomheder og forskere arbejder sammen om at sikre dens ansvarlige udvikling og brug.

Etisk AI

Den etiske udvikling af AI fokuserer på at sikre retfærdighed, gennemsigtighed og ansvarlighed. Nogle centrale etiske bekymringer inkluderer:

- **Bias og diskrimination**: AI-systemer kan uforvarende forstærke eksisterende bias, hvilket kan føre til uretfærdige eller diskriminerende resultater. Etisk AI-udvikling sigter mod at minimere disse bias.
- **Gennemsigtighed**: AI-systemer bør være forklarlige. Brugere skal forstå, hvordan beslutninger træffes, så de kan udfordre fejl og sikre ansvarlighed.
- **Privatliv**: Da AI i høj grad er afhængig af data, er beskyttelse af privatliv vigtigt. Etisk AI prioriterer datasikkerhed og sikrer, at individer har kontrol over deres egne oplysninger.

Internationalt samarbejde

AI-udvikling er en global bestræbelse, med bidrag fra virksomheder og forskningsinstitutioner verden over. Det betyder dog også, at AI-teknologier kan blive anvendt på forskellige måder afhængigt af lokale love, kulturelle værdier og økonomiske interesser. Internationalt samarbejde er afgørende for at skabe globale standarder, der fremmer den etiske brug af AI og forhindrer misbrug.

Organisationer som FN og EU, sammen med private grupper som Partnership on AI, arbejder allerede på rammer for AI-governance. Disse bestræbelser har til formål at skabe fælles retningslinjer, der hjælper med at sikre, at AI's fordele bliver fordelt retfærdigt, og dens risici minimeres.

5. At forberede sig på en AI-drevet fremtid

Efterhånden som AI fortsætter med at udvikle sig, vil det forme fremtiden for industrier, uddannelse, sundhedsvæsen, underholdning og meget mere. For at trives i denne AI-drevne verden bliver det nødvendigt for enkeltpersoner, virksomheder og regeringer at fokusere på nogle få nøgleområder:

- **Uddannelse og omskoling**: Da AI hurtigt ændrer arbejdsmarkedet, vil løbende læring og omskoling være afgørende. Områder som datalogi, AI-udvikling og digital kompetence vil være særligt vigtige.
- **AI-governance og politik**: Regeringer skal etablere politikker, der sikrer, at AI bruges etisk og sikkert. At balancere innovation med privatliv og sikkerhed vil være en udfordring.
- **Bygge tillid til AI**: For at AI skal blive bredt accepteret, er offentlig tillid afgørende. Gennemsigtighed, retfærdighed og ansvarlighed vil være nøglen til at opnå den tillid.

Konklusion: Omfavne AI's fremtid

Fremtiden for AI er spændende, med potentiale til at revolutionere alt fra sundhedsvæsenet til kunsten. Men som med enhver transformerende teknologi må vi tage denne fremtid med forsigtighed og ansvarlighed. Ved at fokusere på etik,

ERE

retfærdighed og inklusivitet kan vi udnytte AI's kraft til det fælles gode og sikre, at det gavner samfundet som helhed.

Dette kapitel har givet et indblik i den spændende potentiale, AI rummer, fra automatisering til samarbejde, og behovet for etisk governance. I det sidste kapitel vil vi reflektere over de vigtigste pointer fra bogen og give nogle råd om, hvordan man holder sig informeret og engageret, efterhånden som AI fortsætter med at udvikle sig.

KAPITEL 7

Hold dig opdateret og
engageret med AI

K unstig intelligens (AI) er allerede i gang med at forme verden på dybtgående måder. Den transformerer industrier, påvirker økonomier og ændrer den måde, vi interagerer med teknologi og hinanden på. Med den hurtige udvikling af AI kan det til tider føles overvældende at holde sig opdateret. Men det er vigtigt at være informeret – uanset om du er tech-entusiast, leder, studerende eller politiker.

I dette kapitel vil vi kigge på nogle praktiske måder, du kan blive ved med at lære om AI, engagere dig i fællesskabet og forberede dig på den indflydelse, denne teknologi vil få på vores fremtid. Uanset om du er nybegynder eller allerede har fulgt AI i et stykke tid, vil denne guide hjælpe dig med at holde forbindelsen til dette spændende område.

1. Bliv ved med at lære om AI

AI er et enormt og konstant udviklende område. For at holde sig ajour kræves løbende læring. Heldigvis er der masser af ressourcer tilgængelige, uanset hvor du er på din læringsrejse.

1.1 Online kurser og tutorials

Hvis du vil i gang eller dykke dybere ned i AI, er online kurser en af de bedste måder at lære på. Mange topuniversiteter og teknologiplatforme tilbyder gratis eller billige kurser om alt fra AI's grundlæggende principper til mere avancerede emner. Nogle populære platforme inkluderer:

- **Coursera**: Kurser fra institutioner som Stanford og Google. For eksempel, Andrew Ng's "AI for Everyone" eller Stanford's "Machine Learning" er gode startpunkter.
- **edX**: Tilbyder kurser fra universiteter som MIT og Harvard, med certifikater tilgængelige for de fleste programmer.
- **Udacity**: Kendt for sine Nanodegrees, tilbyder Udacity mere specialiserede spor som AI og maskinlæring.
- **Fast.ai**: Tilbyder gratis dybdelæringskurser med en praktisk tilgang.

Disse kurser henvender sig til studerende på alle niveauer, så uanset om du er nybegynder eller har teknisk erfaring, er der masser af muligheder for at vokse.

1.2 Bøger og forskningsartikler

Bøger er stadig en værdifuld ressource, især hvis du ønsker en dybere forståelse af AI's teoretiske sider. Her er nogle bøger, du kan overveje:

- **"Artificial Intelligence: A Guide for Thinking Humans"** af Melanie Mitchell – En god introduktion til AI's samfundsmæssige påvirkninger og fremtid.
- **"Deep Learning"** af Ian Goodfellow – En mere teknisk dykning i, hvordan deep learning fungerer.
- **"Superintelligence: Paths, Dangers, Strategies"** af Nick Bostrom – Undersøger de etiske problemstillinger omkring avanceret AI.

Forskningsartikler er også afgørende for at holde sig opdateret med de nyeste fremskridt. Websites som arXiv.org og Google Scholar giver adgang til tusindvis af akademiske artikler om AI, så du kan holde dig informeret om banebrydende forskning.

1.3 Podcasts, YouTube-kanaler og blogs

At lytte til podcasts og følge YouTube-kanaler er en god måde at absorbere AI-viden på farten. Her er nogle populære muligheder:

- **Lex Fridman Podcast**: Dybtgående interviews med eksperter indenfor AI, robotteknologi og etik.
- **AI Alignment Podcast**: Fokus på at sikre, at AI's udvikling er i overensstemmelse med menneskelige værdier.
- **Two Minute Papers**: En YouTube-kanal, der opsummerer ny AI-forskning i små, overskuelige videoer.
- **Data Skeptic**: En podcast for dem, der er interesseret i maskinlæring, datavidenskab og AI.

Ud over podcasts og videoer udgiver mange AI-fokuserede blogs (f.eks. OpenAI, DeepMind, Google AI Blog) opdateringer om de nyeste udviklinger, gennembrud og tendenser indenfor området.

1.4 Branchenyheder og nyhedsbreve

AI udvikler sig hurtigt, og det er vigtigt at følge med i de nyeste nyheder for at forstå teknologiens virkelige indflydelse. Pålidelige kilder inkluderer:

- **TechCrunch og Wired**: Dækker AI-udviklinger sammen med generelle tech-nyheder.
- **The AI Report og Import AI**: Nyhedsbreve, der udelukkende fokuserer på AI.
- **MIT Technology Review og VentureBeat**: Dækker regelmæssigt AI-relaterede gennembrud og industrielle skift.

Ved at abonnere på en blanding af akademiske, branche-specifikke og teknologiske nyhedsudsendelser får du et helhedsorienteret billede af AI-landskabet.

2. Engager dig i AI-fællesskabet

At engagere sig i AI-fællesskabet kan hjælpe dig med at lære af andre, udveksle idéer og holde dig opdateret. Uanset om du er nybegynder eller ekspert, er der mange måder at komme i kontakt med ligesindede.

2.1 Deltag i online fællesskaber

Online fora og diskussionsgrupper er gode steder at stille spørgsmål, dele indsigt og holde sig opdateret. Her er nogle populære AI-fællesskaber:

- **Reddit**: Subreddits som r/MachineLearning og r/ArtificialIntelligence er aktive steder, hvor folk deler nyheder, forskning og ressourcer.
- **Stack Overflow**: En platform for udviklere, der søger tekniske svar og løsninger.
- **AI Alignment Forum**: For dem, der er interesserede i de etiske og fremtidsorienterede aspekter af AI.

2.2 Deltag i AI-konferencer og meetups

Konferencer er en af de bedste måder at netværke, lære om nye fremskridt og møde eksperter indenfor området. Nogle centrale konferencer inkluderer:

- **NeurIPS (Conference on Neural Information Processing Systems)**: En af de største AI-konferencer, med fokus på maskinlæring og kunstig intelligens.
- **ICML (International Conference on Machine Learning)**: En førende begivenhed for maskinlæringsforskere.
- **AI Expo og Summit**: Events, der samler virksomheder, startups og eksperter for at diskutere AI's fremtid.

Hvis du ikke kan deltage personligt, tilbyder mange konferencer virtuelle billetter eller streamingmuligheder. Lokale meetups på platforme som Meetup.com giver også uformelle lærings- og netværksmuligheder.

2.3 Bidrag til open source-projekter

Hvis du har nogle kodningsfærdigheder, kan det at bidrage til open-source AI-projekter give dig praktisk erfaring samtidig med, at du forbedrer dine færdigheder. Mange af de førende AI-rammeværk, som TensorFlow, PyTorch og OpenAI's GPT, er open-source. Deltagelse i disse projekter giver dig mulighed for at samarbejde med andre og bidrage til virkelige løsninger.

Platforme som GitHub huser mange af disse projekter, hvilket giver udviklere et sted at bidrage, dele viden og forbedre eksisterende værktøjer.

3. Forbered dig på AI's indflydelse på din karriere

Efterhånden som AI bliver en større del af alle industrier, er det vigtigt at forstå, hvordan det kan påvirke din karriere. Her er nogle strategier til at forblive relevant i en AI-drevet verden:

3.1 Opkvalificering til fremtiden

AI vil påvirke næsten alle industrier, så det er vigtigt at opkvalificere sig indenfor områder, der bliver stadig vigtigere. Nogle områder at fokusere på inkluderer:

- **Datavidenskab og maskinlæring**: Lær at arbejde med AI-værktøjer og opbygge modeller.
- **AI-etik**: Forstå de etiske udfordringer, som AI præsenterer, og hvordan man designer ansvarlige AI-systemer.
- **AI-produktstyring**: Hvis du er i erhvervslivet, vil kendskab til integrationen af AI i produkter og tjenester være afgørende.

3.2 Omfavn AI i din branche

Selv hvis du ikke arbejder direkte med AI, er det vigtigt at forstå, hvordan den kan anvendes indenfor din sektor. Fra marketing til sundhedsvæsen, finans til uddannelse, ændrer AI allerede den måde, mange industrier opererer på. At forstå AI's rolle kan give dig en konkurrencefordel og forberede dig på fremtiden.

For eksempel kan marketingfolk bruge AI til kundeindsigter og personaliserede oplevelser, mens sundhedsfagfolk kan udnytte AI til at diagnosticere sygdomme eller optimere behandlingsplaner.

4. Konklusion: Omfavn fremtiden med selvtillid

AI's fremtid er utroligt lovende, og ved at holde dig informeret og engageret kan du få fuldt udbytte af de muligheder, den skaber. Uanset om du lærer kontinuerligt, aktivt deltager i AI-fællesskabet eller forbereder dig på AI's indflydelse på din karriere, er det vigtigste at forblive nysgerrig, tilpasningsdygtig og proaktiv.

AI er ikke kun for ingeniører eller dataloger – det er noget, der vil påvirke os alle. Ved at forstå dens muligheder og udfordringer, og adressere dens etiske implikationer, kan vi med selvtillid navigere i denne nye æra og sikre, at AI bruges til gavn for alle.

Afslutningsvis er AI-revolutionen kun lige begyndt. Ved at omfavne den eftertænksomt og forblive engageret kan vi alle bidrage til en fremtid, hvor AI forbedrer liv og skaber nye muligheder for alle.

KONKLUSION

K unstig intelligens (AI) er gået fra at være en futuristisk idé til at være en nutidig kraft, der allerede skaber bølger i verden. Gennem denne bog har vi dækket AI's grundlæggende principper, de nuværende og kommende anvendelser, samt de etiske udfordringer, teknologien medfører. Det er tydeligt, at AI har potentialet til at transformere industrier, forbedre sundhedspleje, tackle globale problemer og åbne op for nye muligheder indenfor innovation. Men med denne magt følger et stort ansvar for, hvordan vi skaber og bruger disse teknologier.

Ser vi fremad, rummer AI enormt potentiale. Men det er op til os alle – uanset om vi er udviklere, politikere, virksomhedsledere eller helt almindelige mennesker – at sikre, at AI udvikles og anvendes med omtanke. Det betyder, at vi må adressere kritiske bekymringer som bias, privatlivets fred, jobtab og ansvarlighed. Det betyder også, at vi skal skabe en global samtale om etiske retningslinjer og reguleringer, der kan hjælpe med at styre AI's udvikling i en positiv retning.

Hvis du lige er begyndt at lære om AI, så stop ikke med at lære. Landskabet ændrer sig hurtigt, og jo mere vi forstår, hvordan AI fungerer, og hvad det kan betyde for vores fremtid, jo bedre kan vi navigere i de udfordringer, den bringer, og udnytte de muligheder, den skaber. Uanset om du ønsker at starte en karriere indenfor AI eller bare vil være foran i dit nuværende fagområde, er der et væld af ressourcer tilgængelige for at hjælpe dig. Det vigtigste er at forblive nysgerrig, engageret og proaktiv.

Kort sagt, AI's indflydelse er kun lige begyndt, og vi er alle en del af den spændende rejse, der ligger foran os. Ved at tilgå denne teknologi med ansvar, bevidsthed og samarbejde kan vi forme en fremtid, hvor AI er en kraft for det gode – der forbedrer liv og skaber nye muligheder på tværs af verden.

ORDLISTE

- **AI (Kunstig intelligens)**: Maskiners evne, især computere, til at efterligne menneskelige kognitive processer som læring, ræsonnering, problemløsning og beslutningstagning.
- **AGI (Artificial General Intelligence)**: En type AI, der kan forstå, lære og udføre opgaver på tværs af mange forskellige områder, ligesom menneskelig intelligens. AGI er stadig teoretisk og sigter mod at matche eller overgå menneskelig tænkning.
- **Algoritme**: Et sæt instruktioner eller regler designet til at løse et specifikt problem eller udføre en opgave. I AI hjælper algoritmer maskiner med at lære af data og træffe beslutninger eller forudsigelser.
- **Bias**: Uretfærdige eller forudindtagede resultater i AI-systemer, ofte forårsaget af biased data eller fejlagtige antagelser under design- eller træningsfasen. Dette kan resultere i uretfærdig behandling af visse grupper eller individer.
- **Deep Learning (Dyb læring)**: En underkategori af maskinlæring, der bruger komplekse neurale netværk med mange lag til at analysere store datamængder og genkende komplekse mønstre.
- **Machine Learning (Maskinlæring)**: En form for AI, der gør det muligt for maskiner at lære af data og forbedre sig over tid, uden at blive eksplicit programmeret til hver opgave. Det er fundamentet for mange AI-applikationer.
- **Narrow AI**: AI, der er specialiseret i at udføre en bestemt opgave, såsom at genkende ansigter, tolke tale eller analysere data. Dette står i kontrast til AGI, der ville kunne håndtere

enhver intellektuel opgave, et menneske kan udføre.

- **Neurale netværk**: En type algoritme inspireret af den menneskelige hjerne, bestående af lag af sammenkoblede noder, der behandler information. Disse bruges ofte i deep learning.

- **Natural Language Processing (NLP)**: En gren af AI, der fokuserer på at gøre det muligt for computere at forstå, tolke og generere menneskelig sprog, hvilket muliggør opgaver som talegenkendelse, oversættelse og sentimentanalyse.

- **Robotics (Robotteknologi)**: Faget, der designer, bygger og driver robotter. AI bliver ofte integreret i robotter for at forbedre deres evne til at udføre opgaver autonomt eller interagere med mennesker.

- **Supervised Learning (Superviseret læring)**: En maskinlæringsteknik, hvor modellen trænes ved hjælp af mærkede data – data, der inkluderer både input og korrekt output – for at lave forudsigelser eller træffe beslutninger.

- **Unsupervised Learning (Usuperviseret læring)**: En type maskinlæring, hvor modellen arbejder med umærkede data, finder mønstre eller strukturer uden foruddefinerede kategorier eller resultater.

- **Training Data (Træningsdata)**: Den datasæt, der bruges til at lære en AI-model, hvordan man genkender mønstre, laver forudsigelser eller løser problemer. Nøjagtigheden og mangfoldigheden af denne data påvirker direkte modellens præstation.

- **AI Alignment**: At sikre, at AI-systemer opfører sig på måder, der er i overensstemmelse med menneskelige værdier, etik og mål. Dette er især vigtigt for mere avancerede systemer som AGI, som kunne have vidtrækkende konsekvenser.

- **Automation (Automatisering)**: Brugen af teknologi, herunder AI, til at udføre opgaver, som tidligere blev udført af mennesker. Automatisering kan øge effektiviteten, reducere omkostningerne og nogle gange endda erstatte visse typer jobs.

Det var alt for **AI for begyndere**. Nu skulle du gerne have et godt greb om, hvad kunstig intelligens er, hvordan den fungerer, og de utrolige måder, den ændrer vores verden på. Efterhånden som området fortsætter med at udvikle sig, er det vigtigt at forblive nysgerrig, fortsætte med at lære og være engageret. AI er med til at forme fremtiden, og med den rette viden og fokus på etik kan vi udnytte dens kraft til at bygge en bedre og mere inkluderende verden for alle.

www.ingramcontent.com/pod-product-compliance
Lightning Source LLC
LaVergne TN
LVHW051619050326
832903LV00033B/4577